fritz sebastian konka

jemand

---

und

---

du

eine lyrische erzählung

dein leben
kannst du dir
nicht ausmalen
aber du kannst
dir dein leben
ausmalen.

fritz sebastian konka

jemand

und

du

eine lyrische erzählung

Impressum

Bibliografische Information der Deutschen Nationalbibliothek:
Die Deutsche Nationalbibliothek verzeichnet diese Publikation in der Deutschen
Nationalbibliografie; detaillierte bibliografische Daten sind im Internet über
http://dnb.dnb.de abrufbar.

© 2022 Fritz Sebastian Konka

Herstellung und Verlag: BoD – Books on Demand, Norderstedt

ISBN: 978-3-7557-8242-1

jemand und du

ich kenn dich nicht
und kenne doch
die leidenschaft
mit der du sprichst

verändert mich
und meine sicht
es ist, als ob ich dich
schon lange kenne

und so vertrau ich dir
und so vertrau ich mir
und renne dorthin
wofür ich brenne

verbindung durch gedichte
schreibe ich und widme dir
einem spannenden jemand
alle meine gedichte.

inhalt

prolog

und du?
hör dem regen zu
beim fallen
tue nichts
mit aller ruh
hör dem regen zu
beim fallen
tue nichts
und du?

lyrisches ich
durch mich
erzählt mein ich
geschichten
die nicht oder
anders waren
durch mich
erzählt mein ich
von menschen
die nicht oder
anders sind
durch mich
erzählt mein ich von mir
gelegentlich auch wie
nie aber
erzählt mein ich
von dir
erzählst nur du.

die frau mit dem regenschirm
an ihrer anderen hand
der einzige sohn
es wird nicht regnen
trotzdem hält sie
den schirm gespannt
wie zum schutze
sie huschen vorbei
und nun sehe ich
sie an seiner hand
die frau mit dem regenschirm.

zwischen den zeilen
du liest mich nicht
zwischen den zeilen
du fühlst mich nicht
zwischen den zeilen
existiere ich nicht für dich
zwischen den zeilen.

aus unserer sicht

aus meiner sicht.

ich bin für dich
du
bist für mich
ich.

aus deiner sicht.

heimat
was in ihm
vor sich geht
fragte sie
er schwieg
und setzte sich
auf eine bank
mit dem rücken
zum schweriner see
sagte dann:
„wenn ich
eine heimat
hätte
ich heimweh."

niemand
bin ich
nur für
dich
nicht
bin
ich
jemand

1. teil - jemand

jemand ist ein mittdreißiger. ist ich. ist du.

seit ein paar tagen
drehen sich deine gedanken
jeden abend
um den tod
du hast verstanden
dass wir alle irgendwann
gehen werden
und fragst
ob ich wisse
wann und wieso
ich weiss es nicht
sage ich
nehme deine hand
drücke dich
so fest ich kann
und frage mich
ob ich
mir ein leben
ohne tod
überhaupt vorstellen kann
und frage dich.

reiß dich zusammen!
ich ess kein fleisch
nur manchmal fisch
das ergibt nicht wirklich sinn
braucht es auch nicht

an hafermilch hab ich mich gewöhnt
auf käse und eier
würd ich gern verzichten
schaff es aber mitnichten.

ich rauch nicht mehr
nur passiv
und an besonderen tagen
dann aber mit genuss

ich trinke gern
nur ohne alkohol
und wenn es sein muss
kannst du mich
dazu befragen

mach dich mal locker!

erwachsen
wenn du weißt
die erste nacht
des jahres
bleibt
deine längste nacht
des jahres.

am ersten
des jahres
bist du mir
mal wieder nah
wie im jahr
sonst nie
melancholie.

wieder ein jahr älter
eigentlich nur nen tag
heute tu ich nur
was ich wirklich mag

ist es dich zu fragen
nach deiner größten angst
und sie zu verjagen
zusammen mit einem tanz

bei dem wir uns bewegen
als wär niemand zugegen
zu dem, was in uns liegt
als wäre dies musik.

du liebst mich
sagtest du mir
und ich glaubte dir
bis ich begann
mich zu lieben.

genervtheit
es nervt
ich bin genervt von dir
darum, weshalb
es mich nervt
wie du kaust
wie du sprichst
wie du schaust
wie du bist
warum, deshalb
nervt es mich
ich bin
eigentlich
genervt von mir.

erschöpfung
ich bin erschöpft
von dingen
die ich nicht tu
für mich
die ich nur tu
für dich
ich bin erschöpft
vom ringen
mit mir
mit dir
ich bin erschöpft
von dingen.

unser bild
ich mal dir ein bild
von ihr und mir
malst du ein bild
von dir und ihm
ist es zu wenig mit dir
malt er ein bild für sie
ist es zu wenig mit mir
malt sie ein bild für ihn
ohne mich und ohne dich
sind sie und ohne sie sind wir
malen bilder
ohne sie
mit ihnen im kopf.

eines morgens
es regnet nicht und doch fällt regen
der in der nacht auf blätter fiel
in gelegentlichen tropfen
gleich einem unsteten klopfen

und weht der wind, fällt regen
der in der nacht auf blätter fiel
in einem heftigen guss
gleich einem wilden kuss

und inne hält der wind
still und ruhig die blätter
auf die in der nacht regen fiel
in einem heftigen unwetter

fällt neuer regen nun auf blätter
auf die in der nacht regen fiel
leicht biegen sich die blätter
ich denke wieder viel zu viel

wie ich klopfte an deiner tür
an unseren ersten kuss
wie du mich sahst mit ihr
an unseren letzten kuss.

jemand schreibt gedichte. ist allein. nicht mehr zu zweit

hamburg
du kannst hip
vielleicht nicht so
wie berlin
du kannst chic
vielleicht nicht so
wie paris
du kannst sündig
vielleicht nicht so
wie new york
doch kannst du
fernweh wie
kein andrer ort
hamburg.

alle menschen sind
gleich
in verschiedenheit
meinen manche menschen
gleicher zu sein
sie scheitern
am wesentlichsten
eines jeden menschenlebens
zu sein.

mit drei geschlechtern
kannst du dich identifizieren
oder vielleicht auch nicht
du bist du so wie du eben bist

nichtbinär ist nicht verkehrt
vielmehr ist es das cistem
es leben die geschlechtsidentitäten
außerhalb des binären systems

trans-
-gender-
-fluid
ist nicht ich
verschiebt sich
bi-
-gender
tri-
-gender
wechselt
zwischen zwei
wechselt
zwischen drei
a-
-gender-
-queer
ungeschlechtlich
weder noch

nichtbinär meets genderqueer

es sterbe das cistem
es leben die geschlechtsidentitäten
ausserhalb des binären systems

egal, mit welchem geschlecht
du dich auf welche weise identifizierst
männlich, weiblich, divers oder auch nicht
liebe, wen du willst und vor allem liebe dich

allein
wer allein
ist allein
mit seinen bildern
im geheimen
ist allein
mit seinen gedanken
insgeheim
ist allein
im geheimnis.

am tag der deutschen einheit
während die politiker
an anderen orten reden
von der kluft zwischen ost und west
sitze ich im leichten regen
auf den stufen vor dem holthusen
es fühlt sich an wie sommer
an diesem tag im herbst
schaue ich mal wieder
den menschen hinterher
erfinde mir für sie geschichten
die sie für ihr leben halten
erfinde für sich lücken
und klaffende spalten
die sie nicht schliessen
weil sie nicht können
weil sie nicht wollen
weil sie nicht wollen können
die sie nicht schliessen
weil sie schlicht wiederholen
was sie nicht lernten
was sie nicht lernen konnten
also erfinde ich geschichten
die sich wiederholen
worte bleiben ohne taten
bloß leere parolen.

etwas
das nie war
etwas
das nicht ist
etwas
das nie sein wird?
etwas.

es sehnt mich
nach veränderung
des ist
gleichzeitig
nach akzeptanz
des sein
das eine wäre nicht
ohne das andere
nicht ich
sollte anders sein.

fricke 46
am abend liegen die blätter
auf dem bürgersteig
sie fielen am tage oder davor
mein bier schmeckt schal
wie abgestandene gedanken
es sehnt mich nach einer zigarette
durstet mich nach einer berührung
zufällig im vorbeigehen
von wem ist mir gleich
ziehen die kraniche gen süden
ich bin müde und warte
ob sie mich mitnehmen.

reise in die vergangenheit
ich war hier
zuletzt vor sieben jahren
damals blühten
jetzt fallen die kastanien.

ich fühle die bewegung
fühle auch die angst
und trotzdem wage ich
diesen nächsten tanz.

das schloss im blick
und auch das amtsgericht
vom spielplatz her tönt kinderlärm
wer sie und wir wohl heute wären

wenn du damals
nicht zu mir gehalten hättest
wenn du damals
mit ihm gegangen wärest.

mit mir
all jene
kleinen momente
in mir und nur in mir
wie jede
feine erinnerung
in mir und nur in mir
all diese
wahren augenblicke
in mir und nur in mir
sie werden gehen
mit mir.
irgendwann.

jemand ist erwachsen. ist sehnsüchtig. ist sich entwachsen.

erwachsen sein
ich rufe einen
alten freund an
er geht ran
kann nicht
zumindest nicht jetzt
oder ist es was wichtiges?
nein.
ich rufe einen anderen alten freund an
er geht ran
kann aber nicht
zumindest nicht jetzt.
ich rufe einen dritten
alten freund an.
er geht nicht ran
zumindest nicht jetzt
sie rufen mich alle zurück.
binnen sechs stunden.
ich kann aber nicht.
zumindest nicht jetzt.

ich
brannte
nicht
in
meinem alltag
brannte
ich
aus.

mein tag
immer
an der gleichen stelle
fütter ich möwen
immer zur gleichen zeit
genau drei mal am tag
fütter ich möwen
manchmal bleib ich
sitzen die möwen
auf meinen füßen
schulter und beinen.

corona
immerhin
ich war
noch nie
so wenig krank
also
körperlich.

braucht weile, weil

ich tue nichts
und das mit grund
ich ruhe mich gesund
drehe um mich im bett
krumm linksrum auf rechts
bis ich frei von jeder eile
nebenbei aus langer weile
courtney barnett frei übersetz
„gut ding braucht weile, weile."

plätze
auf der fensterbank
immer und ganz
besonders im winter
wenn eine heizung
von unten wärmt
die nackten füsse
und draussen fällt
schnee.

auf einer warft
steht sein
mit reetdach gedecktes haus
trotz den gezeiten
tagein und tagaus
genießt er die tiefe
nähe zum meer
seit er
vor ein paar jahren
aus hamburg
hierher zog.

er zog sich seine mütze
ins gesicht
bis an den mund
und lauschte dem meer
so laut er eben konnte
es trug ihn weit.

die erde
dreht mich
langsam
verschwindet die sonne
aus meiner sicht
hinter die felder
nimmt sie
meine gedanken
mit.

jeden abend
zündet er sich
eine pfeife an
auf seiner terrasse
schaut hin zum horizont
in richtung der sonne
und wartet geduldig
ob das wasser heute steigen wird
bis an seine nackten knöchel
damit er nicht aufstehen muss
um es zu berühren.

schließe nun
mein herz
und öffne erst
morgen wieder
deine augenlider.

durch das fenster
kann ich die sterne sehen
von meinem bett unterm dach
bevor ich einschlaf
lieg ich am abend
stundenlang wach
träum mich neugierig
bis spät in die nacht
in ferne, unbekannte welten
von meinem bett unterm dach
kann ich die sterne sehen
durch das fenster.

die farben bleiben
in den nächsten
die länger werden und länger
verborgen.

letzte nacht

es war vollmond letzte nacht
fingen wir sternschnuppen
mit einem kescher vom schuppendach
und gaben unseren wünschen namen
die wir für uns behielten.

2. teil – und reist. an orte. ist an orten. am morgen. am tag. am abend. in der nacht.

und du?
hör dem wind zu
beim rauschen
tue nichts
mit aller ruh
hör dem wind zu
beim rauschen
tue nichts
und du?

nebel auf den straßen
ich fahre nur auf sicht
fühle meine narben
vor mir ein nebelschlusslicht

leuchtet mir den weg hinaus
aufs land weg von alten wunden
die ausfahrt zu meinem elternhaus
verpasste ich vor stunden

ich fahre durch die felder
vorbei an vielen seen
hinter mir die wälder
ob sie wohl verstehn

ich suche sie und finde mich
im roten nebelschlusslicht
was immer auch geschieht
ich suche mich und finde sie

waren auch mal kinder
jetzt sind sie nur noch eltern
es ist der erste tag im winter
sie waren nie nur eltern.

auf dem zugdach nach sylt
ich steh auf einer brücke
am bahnhof in klanxbüll
zwischen zwei gleisen
das eine führt nach sylt

unter meinen füßen
rauscht ein güterzug vorbei
drückt nach oben warme luft
strömt an mir vorbei

ich würde gerne springen
auf das dach
wie in so vielen filmen
und denke nach

wie ich wohl fiele
wenn ich spränge
was ich mir täte
was gewönne

wenn ich reiste
als blinder passagier nach sylt
auf dem dach
ich denke nach.

sylt
auf einer weißen bank
oberhalb des strands
aber vor den dünen
schau ich den wellen zu
wie sie brechen
noch ist ebbe
bald ist die flut.

ab und an gehen menschen
auf der promenade vor mir entlang
fast alle zu zweit und älter als ich
selten hand in hand
sie beachten mich nicht.

mal schaue ich ihnen
hinterher
und frage mich
wie er wohl wär
wenn er nicht
mit ihr zusammen wär.

frage mich
wie sie wohl ist
wenn sie wütend
auf ihn ist und
ob sie glücklich
mit ihm ist und
ob sie glücklich
ist mit sich.

frage mich
ob ich es bin
und gebe mich
wieder meinem atem
und schließlich
meinen beobachtungen hin

nackt
ich atme mich allein
in diesen tag
ich trage mich allein
durch diesen tag.

setze mich auf diese bank
schaue still aufs meer
setze mich auf jene bank
mein kopf gedankenleer.

lege nackt mich in den sand
wind kitzelt meine haut
atme eine und atme aus
meine spinnenden gedanken.

spaziere nackt hinein ins meer
denke an mcginley und wie sehr
unnatürlich es ist
angezogen zu sein.

ich trage mich allein
durch diesen tag
ich atme mich allein
aus diesen tag.

dem meer
ich war noch nie
dem meer so nah wie heute
ich war sonst wie
jene vielen leute

die reden und nicht sehen
die gehen und nicht sitzen
die essen
weder riechen noch schmecken

das salz in der luft
den meeresduft
den glitzernden sand
in der hand

die laufen und nicht lauschen
die denken und nicht fühlen
die hadern
weder singen noch träumen

von dem mond
der bei nacht
die wellen küsst
und über uns wacht

das
rauschen
des
meeres.

von einer gelben jacke
es treibt bei regen
und starkem wind
ein roter ball im meer
auf den wellen hin und her

unter der seebrücke
taucht der ball auf und ab
und zu prallt er
an das geländer

ein mann steht in gelber jacke
auf den schwarzen steinen
die ragen vom land ins meer
im peitschenden wind

brechen die wellen
schäumt die gischt
er sah sie als leuchtturm
das war sie nicht

der ball taucht weiter
in den wellen auf und ab
und zu prallt er
an das geländer

von dort springt ein junge
todesmutig hinein
in das tosende meer
es muss sein ball sein

denkt er
an sie
dort liegt
eine gelbe jacke.

ich erwache in den morgen
träum ich mich hinein
will erinnerungen borgen
und gegenwarten leihn
ich schlafe ein für träume
die ich nie erleb
ich streb in andre räume
unentwegt und stet
selten weiß ich, was geschah
fühl mich dir doch seltsam nah
es ist als treffe ich
nur im traum wahrhaftig mich.

biegende träume
das gras noch nass
von letzter nach
ich sitze nackt am see
mein blick schweift
mit dem wind
biegen sich
die träume.

in noldes garten
ich sitz in noldes garten
in mir ruft es leise
in mir ruft es laut
aus noldes garten
saug ich die farben auf
wie sie schmecken
im wind
wie sie erwecken
mein inneres kind
fürchtet sich.

und trifft menschen. sie und dich. die große liebe.

wir rannten ineinander
weil wir zum monde schauten
und lachten miteinander
zum leuchten unsrer augen
du zahltest meinen kaffee
ohne es zu sagen
wir schlenderten im schnee
mit all jenen fragen
die letzten meter zu dir
wolltest du mich tragen
und dann fielen wir
sodass wir endlich lagen
in des jahres längsten nacht
haut an haut und bein an bein
fragten wir uns liebkosend wach
schliefen erst zur blauen stunde ein
seitdem bist du mir nah
wie es nie noch jemand war
lässt mir gleichzeitig raum
unwirklich wie im traum
soll es in meinem leben
dich und sonst niemanden geben.

bis wir uns trafen
du jagtest immer nur
den sternen hinterher
ich schaute immer nur
hinaus aufs weite meer
bis wir uns trafen.

lass uns
zusammen wege gehen
die wir nicht kennen
in unsere angst hinein
lass uns zusammen wege gehen
vor denen wir wegrennen
aus leiser furcht und lauter pein
lass uns zusammen wege gehen
und sie nach wem benennen
zumindest insgeheim.

in dir
sehe
ich mich
nicht
in mir.

ich atme
deine luft
auf lunge.

deine weichen hände
umfassen
mein verschlafenes gesicht
ein feuchter kuss auf meine stirn
weckt mich sacht
fast zeitgleich
fallen die ersten sonnenstrahlen
durchs geöffnete dachfenster
strömt kalte morgenluft
über meine nackte brust
fahren deine warmen hände
weiter und weiter nach unten.

ich kann
nicht sagen
ich liebe mich
kann ich
trotzdem sagen
ich liebe dich
kann ich?

weinen
nur bei dir
erlaube ich mir
zu weinen.

am morgen
ich öffne das fenster
und schaue aufs land
die sonne steigt langsam
ich vermiss deine hand

in meinen haaren
auf meinem rücken
meine finger
an deinen lippen

häng ich
hör dir zu
wie du atmest
in lustvoller ruh

die salzige morgenluft
auf deiner nackten haut
küss ich dir ab
von deinen schenkeln.

wer ich bin
dachte ich
zu wissen
dann traf ich dich.

und wird getrennt.

im ungleichen takt
schlägt wasser auf stein
am ufer des
schweriner sees
stehe ich und schaue
die hände in den taschen
dem boot hinterher
es war mal meins
du ruderst allein
im immergleichen takt
schlagen die ruder.

berlin/paris

„du bist berlin und ich paris"
waren deine letzten worte
bevor du mich verließt.

deinen gelben pulli
hast du bei mir
vergessen
ich trug ihn noch lang
zum einschlafen
nun riecht er
nur noch nach mir.

nur eine
version
von mir
liebtest du
deine.

zwischen den jahren
jene stille in der stadt
bei minusgraden barfuß
über den dächern
der balkonfliesen kälte
zu einem heißen kaffee
dessen aufsteigender dampf
auch meines atems
auch der schornsteine
hinter fenstern vereinzelt lichter
eine allmähliche ankündigung
der weichenden dunkelheit.

unabhängiges glück
ermutige sie
vertrau ihr und lass los
die angst
kann nicht halten
was sie verspricht
kontrolle über das leben
eines menschen
ist das gegenteil von glück
sie kommt zurück
oder auch nicht
es ist ihr weg
nicht deiner
und versuch zu verstehen
wahres glück ist zwar
schwer zu greifen
aber immer muss es
unabhängig reifen.

wo ich wäre ohne dich
nicht hier
wo du wärst mit mir
nicht dort.

danke

ich schenkte dir
die beste version von mir
gab hin mein herz
und alles, was ich habe
geahnt von anfang an
du wirst gehen irgendwann
wird auch der schmerz
den ich schon lange trage
als erinnerung an dich
doch ich bereue nicht
denn wärst du nicht gewesen
würd es dich in mir nicht geben.

**und trifft menschen. sie und dich. liebe auf den
ersten blick.**

am hamburger planetarium
sie matchten sich auf tinder
schrieben tagelang
bis sie telefonierten
jeden abend nächtelang
bis sie sich trafen
am planetarium bei den steinen
obwohl sie zu früh war
er vor ihr da
auf der anderen seite
sie strahlte über ihr ganzes gesicht
nahm anlauf und sprang
mit ausgebreiteten armen
über das wasser
leuchtete im sonnenlicht
zum ersten stein auf ihrer seite
er traute sich erst nicht
dann doch uns sprang
zum ersten stein auf seiner seite
in ihre weiten arme
er strahlte nun wie sie
über das ganze gesicht
seine ersten worte
waren ein spontanes gedicht:

ich weiß nicht wirklich
wer du bist
ich weiß nicht
wirklich
was du weißt
ich weiß nicht
wirklich
wie du heißt
doch ich weiß
ich fühl dich
wirklich
waren ihre ersten worte.

21 gramm
„wie viel wiegt
eines menschen seele?"
so viel wie
ein regenbogen
antwortet sie.

von ungeteilten erinnerungen
„hätten wir uns doch früher schon gekannt"
sagtest du
nahmst meine hand
und dachtest wehmütig an
momente, die vergangen waren, ohne dass ich
erinnerungen, die vergessen waren, ohne dass ich
menschen, die gegangen waren, ohne dass ich
auch nur wusste, dass.

lass uns
heute abend
etwas tun
was wir noch nie taten
was niemand
zuvor dort
je getan hat.

im mondlicht der gezeiten
streifen zwei lila streifen
den morgendlichen himmel
auf ihrem weg in unbekannte weiten
greifen des alltags augenblick
leiten um des fokus sicht
lösen nach und nach sich auf
aus den krümmenden breiten
des morgendlichen himmels
streifen zwei lila streifen
im mondlicht der gezeiten.

ein unzufälliges foto
du machst ein foto von dir
zufällig
und dieser blick ist dir
völlig
unbekannt.

ob du dich kennst
fragst du dich
kennen willst
fragst du dich.

wirklich kennst. wirklich kennen willst.
in all den abgründen. fragst du dich.

ob du dich kanntest
damals
als du warst
damals
fragst du dich.

wirklich kanntest du dich nicht.
nein. nicht in deinen abgründen.

ob du dich kennen wirst
dann
wenn du sein wirst
fragst du dich.

ich mach ein foto von mir
unzufällig
und dieser blick ist mir
völlig
unbekannt.

als die kastanien blühten
warst du da
doch nicht mehr
als sie fielen.

den mut
die
angst
zu überwinden
davor sich
zu verbinden
der liebe
zu
öffnen
die mauer
auch für
die trauer
dem leben.

und trennt sich.

grau

gabst du mir weiß
gab ich dir schwarz
gab du mir schwarz
gab ich dir weiß.

die wellen
ziehen sich zurück
über den feuchten sand
sie werden wiederkommen
mit dem kalten wind
wenn die sonne gegangen ist
deine blauen schuhe
stehen hier noch immer
warte ich.

du saßt auf dem geländer
unten am fluss
und dachtest wehmütig an
den letzten
gemeinsamen sonnenuntergang.

am strand
wir machten handstand
auf der suche
nach spuren
die es nicht gab
fielen wir sanft
und aus der zeit
über uns ziehen
die vorsätze
des letzten jahres
ich brach sie
bevor es begann
im watt landen möwen.

manchmal
will ich einfach nur
schlafen
um
zu träumen
von dir.

ich binde lila luftballons
an einen grauen schuhkarton
drinnen liegen liebesbriefe
und alte fotos wie beton
hängen jene momente
an meinen flügeln schwer
als blendende geschenke
treiben sie mich seit jeher
ich zünd den inhalt an
lasse dann den karton fliegen
wann kann ich wieder lieben
was ich seit ihr nicht kann?

und reist an orte. ist an orten. am morgen. am tag. am abend. in der nacht.

lass
gedanken schweifen
von hamburg nach berlin
lass sie ziehen
wie wolken
lass sie reifen
wie wein
lassen sie schweifen
von hamburg nach berlin
lass
gedanken ziehen.

am see im klostergarten
auf dem schwimmenden steg
wippe ich nach vorn und hinten
kleinste wellen entstehen
auf dem wasser
schwimmen blätter
die fielen schon vor tagen
vielleicht gar jahren
oder erst eben
wie jenes gerade
formte
klare
kleine kreise
neben mir
ein apfelbaum
von ihm fiel just ein apfel
mit einem dumpfen platschen
in den spiegel
seines eignen baums
fällt nun auch regen
stark und stärker
in der stille
ist der aufprall
eines jeden tropfens
deutlich zu hören.

sitzen oder liegen
ohne tat genügen
ohne plan
mit vergnügen
gedanken
frei aufsteigen lassen
gleich einem heissen luftballon
kein halten
und kein greifen
bloß schauen
wie sie entschweben
dem horizont
entgegen
und
ankommen
für diesen moment
beim atem
in diesem moment

verloren
ich häng an jedem baum
an der allee zu deinem
neuen haus ein schild auf
dem steht immer nur ein wort
das leuchtet in der nacht
so buchstabier ich meine liebe
für dich bis da steht
„die welt wäre verloren
ohne dich
wäre ich
in der welt verloren."

ich hatte mich
verloren
in deiner musik
fand ich mich wieder.

mein kopf
ist
über dich
hinweg
mein herz
wird
es nie sein.

die möwe im husumer hafen
schwimmt mit den wellen
dann wieder gegen sie
im wechsel im dunkeln
und im hellen schwimmt sie
am letzten tag im november
am husumer hafen sucht sie
einen zeitvertreib
nun gleitet sie wieder eine welle
vom dunklen ins helle
schwimmt sie
die möwe im husumer hafen.

husum
theodor storms
graue stadt am meer
zwischen heim- und fernweh
schwank ich hier wie er

in seiner gasse

setz ich mich still
auf dem kalten asphalt
wärmt die sonne bald
den gefallenen regen

wie im april

wechselt mein innenleben
gelehnt an einer roten backsteinwand
reiche ich seiner vergangenheit
die hand reicht er

zurück

wank ich bis zum gang
zwischen schloss und markt
leg mich schließlich hin im park
schau an den bäumen in die höh
erfüllt mit wehmut

war sein weg.

dein ende
ich wuchs durch dich
und du durch mich
als du gingst
waren wir
zwei ichs
lebten weiter
ohne dich.

3. teil - du

du stellst jemand fragen. und dir. und mir.

welche frage

sollte ich dir stellen?

wärst du gern dein eigenes kind?
wärst du?

was
hast du in deiner kindheit
gerne gemacht
was du heute nicht
mehr tust
was?

bist du
mit menschen
die dich nehmen
wie du bist
oder
mit menschen
die dir nehmen
wer du bist
bist du?

siehst du
mich
oder
siehst du
dich
in mir?

würdest du
leben wollen
wäre der tod
nicht
würdest du?

inwieweit?
bestimmst du
deinen weg
oder bestimmt
dein weg dich
in
wie
weit?

was tust du
wenn du
nichts tust
was?

wärst du gern dein:e eigene:r partner:in?
wärst du?

tust du
was dein herz begehrt
oder
dein kopf dich lehrt
was
tust du?

wieviel
wiegt
deine
mentale last
und warum?
wieviel?

zeit
hast du
keine zeit
für dich
oder
nimmst
du sie dir
nicht?

fragst du
um erlaubnis
oder
bittest du
um verzeihung?
fragst du?

angenommen
dein tag hätte nicht 24
sondern 25 stunden
du hättest als täglich
eine stunde extra
nur für dich
was würdest du tun?

wann
hast du zuletzt
daran gedacht
dass alle menschen
die du liebst
sterben werden?
wann?

leben v. tod
würdest du
leben wollen
wäre der tod
nicht
würdest du?

wäre
der frühling genauso schön
ohne den winter
wäre er?

du schenkst jemand einsichten. und dir. und
mir.

ich folge einem weg
folgt mir
mal breit wie eine straße
scheint mir
weit die sicht
mal schmal im dickicht
führt mich
in dunkel zwischen licht
ein weg
bis zur nächsten biegung

mal renn ich
und mal bleib ich stehen
halt inne
um in gedanken weiterzugehen
mal bieg ich ab
und zeit vergeht
in der ich ärgerlich bereue
mich trauernd scheue
mir einzugestehen
weiter geht es nicht

doch auch dies hier
ist ein weg
ist es auch
wenn ich zurückgeh
zur letzten biegung
geh ich nicht
ich sitze hier und warte
dass nichts passiert

bis ich versteh
passieren wird es nur durch mich
mein weg ist es niemals nicht
und traue mich
zurück
zu trauern
zurück
gehe
ich
mein weg
bis zur letzten biegung.

angst/ zweifel
angst
hast du nicht
zweifel
kennst du nicht
du bist nicht
dich kennst
du nicht.

sei sanft
jeder mensch
trägt eine
last
die du
nicht sehen kannst
du nur deine.

okay
bist sehr okay
was du nicht machst
ist schon okay
egal ob ganz
ob nicht
oder ob fast
ist schon okay
was du
nicht machst
bist sehr okay.

hab ruhig angst
sie gehört dazu
wenn du
was neues tust
lauf nicht davon
sondern hinein
du findest
bald hinaus
nur mut
du schaffst das
und zwar gut.

wie du
die welt siehst
sieht dich die welt.

gib dich hin
verschwende dich
ohne zweifel
ohne fragen
lausche laut
und lausche still
deine fantasie
sie wird dich tragen
wohin du getragen
werden willst.

weine wie du
weinen willst
nur nicht still
in dich hinein
lass deine tränen
flüsse sein
ich halt dich
wenn du willst.

ist es
vielleicht war es
kein verlust
du dachtest nur, das
s
war vielleicht ein gewinn
dessen beginn
denkst du nun, das
s
war vielleicht
weder noch, das
s
ist es vielleicht stets
nur in deinem kopf
ist es nicht
weder noch.

fantasie
lass dich tragen
von deiner fantasie
du wirst älter
sie wird es nie.

schwimmen
wenn dich jemand
unvermittelt
ins wasser
gestoßen hätte
würdest du
die verantwortung
auch nicht
bei dir suchen
oder lange
mit dem schicksal hadern
würdest nicht still
auf rettung warten
bis du untergehst
sondern du würdest
schwimmen
richtung ufer
es zumindest versuchen
und dich dabei
nicht schämen
laut um hilfe zu rufen.

wo liebe ist
kämpfst du nicht
du lässt sein
und
du bist
wo liebe ist.

einander
dich kann ich
nicht
ändern
kann ich nur
mich
kannst du nicht
ändern
kannst du nur
dich.
einander.

du bist mit jemand. und jemand ist nicht mehr allein.

labyrinth der einsamkeit

nach jahren treffen wir uns wieder
in meinem labyrinth der einsamkeit
wir lieben immer noch dieselben lieder
tragen uns zurück in die vergangenheit

wie wir damals unsere ängste tanzten
jeder für sich, doch nie allein
wie wir damals gegen wände rannten
auf der suche nach dem kern des seins.

du reichst mir deine hand zum tanz
obwohl ich führe, leitest du mich sanft
an meinen abgründen entlang
den gräben meiner angst.

ich spüre, du bist dort gewesen
wo ich hin will, werd ich sein
denn mit dir an meiner seite
kann ich stolpern ohne zu fallen

wie wir damals unsere ängste tanzten
jeder für sich, doch nie allein
wie wir damals gegen wände rannten
auf der suche nach dem kern des seins.

nimm
mich mit
wohin
du
nicht willst.

das
da zwischen
freude und schmerz
vom aufgang im winter
zum untergang im herbst
oft öffnen deine strahlen
mein verschlossenes herz
wirfst du schatten obgleich
den ich liebe zugleich
in der hitze vor allem
in der kälte trotz allem
gehen wir stufen
vor- und rückwärts.

einander dich
kann ich
nicht ändern
kann ich nur
mich
kannst du nicht
ändern
kannst du nur
dich
einander.

ein tagebuch
ich schreibe dir ein tagebuch
jeden tag ein satz
was ich an dir lieb
weil ich's zu selten sag.

heute schrieb ich lieb dein lächeln
wie es spöttisch tanzt um deinen mund
wenn du mich lieblich belächelst
ob meiner trotzgen unvernunft

gestern schrieb ich lieb dein leberfleck
links hinten an deiner hüfte
den ich am abend vor dem schlafengehen
so zärtlich wie möglich küsste

vorgestern schrieb ich lieb dein talent
wie du organisierst und lenkst
deinen blick dafür, was zu tun ist
wenn du das denken vergisst

was ich morgen schreiben werde
weiß ich noch nicht
vielleicht einfach, dass ich lieb
wie groß du bist

oder doch, dass du trotz allem
immer zu mir hältst
wie du schwingst, wenn du tanzt
dabei deinen atem anhältst.

mein hafen
du hieltest mich zu fest
verstandst du
ließest mich los
ich segelte davon
an orte überlebensgroß
du aber
bliebst mein hafen.

wahrheit
ich
kenne
nur
meine
deine
kennst
nur du

wahrheit.

bleibe
wo du
weinen
kannst
wirst du
geliebt.

du trägst meine
erinnerungen
und ich trage deine.

alternative enden
enden alternativ enden
alternative enden
—
du und ich
oder er und du
oder weder noch
—
wählst du.

epilog

niemand
sind du
und ich
nur für
mich
nicht
sind
du und ich
jemand.

nichtsdestotrotz.
es passiert
nichts
bis es passiert

aufgrund
grundlos
weshalb

es passiert

auch wenn
obwohl
wenn gleich

nichts
passiert
bis es passiert

nichtsdestotrotz.

vor ihm ein halb volles glas
ob es ihm nicht schmeckt
oder hat es er vergessen
nun nippt er nicht mal mehr
sein abwesender blick
die freunde längst gegangen
was er jetzt bräuchte
eine rote gauloises

erinnert dich an zeiten
lang vergangen
nächte
die begannen
in verrauchten kneipen
und nicht endeten
niemals endeten
endeten die zeiten

immer noch halb leer das glas
sein blick bleibt nicht haften
streift deinen
in der vergangenheit
du reichst ihm
eine rote gauloises
bevor du nach hause gehst
es war deine letzte.

sacré cœur
ich sitz am steg am ukleisee
ruhig und klar das wasser
blau wie der himmel
spiegelt sich im wasser

das spiel der weißen wolken
die sich jagen, ineinander übergehen
die zerfallen und vergehen
in der ferne glockenläuten.

ich schau zum anderen ufer
dort strahlen alte bäume
grün auch der morsche steg
tief hängen hier die träume.

ich sitz am steg am ukleisee
mit meiner lieben mutter
wir schweigen stumm
in gedanken unserer spiegelung.

was sie von mir in sich sieht
was ich von ihr in mir sehe
ob sie mich bedingungslos liebt
ich ihre ambivalenzen verstehe

wohin wir miteinander flögen
wenn wir denn fliegen könnten
vom steg des ukleisees
sehen wir das spiel der wolken

einander
loslassen
um
einander
zu halten.

auf dem hügel
jeden sonnabend kauft er
äpfel auf dem markt
schenkt sie ihm ein lächeln
fragt, wie seine woche war.

er würde gern berichten
was ihn die woche bewegte
wie er auf seinem arbeitswege
in gedanken blumen für sie pflückte.

doch er murmelt nur „gut."
schaut verlegen nach unten
reicht ihr das geld und mutig
einen zettel, auf dem steht:

„in gedanken pflück ich jeden tag blumen für dich."
und darunter seine nummer.
während er noch vor ihr steht
antwortet sie sichtlich bewegt:

„wir sehen uns morgen um 11 uhr
auf dem hügel im eppendorfer park
ich bringe dir blumen mit
und du mir einen wochenbericht."

und du?
ich schau
den blättern zu
beim fallen
tue nichts
mit aller ruhe
ich schau
den blättern zu
beim fallen
tue nichts
und du?

auf ihrer schulter
er legte den kopf auf ihre schulter
und schloss seine augen
als sie ihm die letzten zeilen
aus ihrem buch vorlas:

„sie legte den kopf auf seine schulter
und schloss ihre augen
als er ihr die letzten zeilen
aus seinem buch vorlas."

liebe.
die form
ist
rund
mit ecken und kanten
und bunt
ist
die farbe.